À VOL D'OISEAU, ÇA FAIT COMBIEN ?

Marc BASSLER et Philippe SOHIER

Éditions ART ET COMÉDIE
3, rue de Marivaux
75002 PARIS

À VOL D'OISEAU, ÇA FAIT COMBIEN ?

a été créée le 11 mai 2012
à L'AZILE, La Rochelle

Avec le soutien de la Ville de La Rochelle, de la région Poitou-Charentes et du Conseil général de Charente-Maritime

Avec

Delphine Zana

Marc Bassler

Dans une mise en scène de Philippe Sohier

NOTE SUR LES AUTEURS

Marc Bassler est acteur, auteur, responsable artistique et programmateur. Il a longtemps renoncé à se doucher sous la lumière des projecteurs pour se consacrer aux autres. Mais l'écriture s'impose parfois d'elle-même comme une évidence, une nécessité absolue. Le manque d'exigence et la surenchère de trivialités de certaines comédies contemporaines motivent cet homme de théâtre, non seulement à écrire, mais également à remonter sur scène pour créer cette pièce, cette comédie humaine doublée d'un vrai suspense.

Philippe Sohier est acteur, auteur, romancier et metteur en chair. Il est l'unique metteur en scène véritablement rock'n'roll du métier. Il donne parfois violemment les cadeaux qu'il vous fait. Son plaisir est braillard, ses peurs assourdissantes et son humanité, un énorme bagage dont il ne se sépare jamais.

C'est la collaboration de ces deux baroudeurs et de Delphine Zana, la comédienne, qui fait de « À vol d'oiseau, ça fait combien ? » le fruit d'un travail en bande organisée.

Le décor est composé d'une table, de deux chaises en bois, de quelques cartons disséminés ici et là, de caisses et de casiers à bouteilles. Sur la table, il y a une bouteille de vin, un verre, des couverts et un poste de radio qui diffuse une chanson d'Alain Bashung (« Mes bras », album « Imprudence »). Un homme entre, une assiette à la main et un torchon sur l'épaule. Il est vêtu d'un vieux jean et d'un large sweat-shirt. Il pose l'assiette sur la table et s'assoit. Il mélange une sorte de bouillie qu'il s'apprête à manger. La musique du transistor grésille et s'arrête brusquement. Il triture le poste sans succès puis le démonte avec une fourchette. Il en sort deux piles qu'il teste avec la langue de façon craintive. Dépité, l'homme commence à manger quand… on entend une voix de femme à l'extérieur.

ELLE, *off.* – Bonjour ! Y a quelqu'un ? Bonjour !… Hou ! hou ! Y a quelqu'un ?…

Son visage se ferme brusquement. Il semble paniqué, totalement affolé. Il se lève précipitamment, vient en avant-scène. Il semble se cacher pour ne pas être vu, comme derrière une fenêtre ou un rideau.

ELLE, *off*. – Ho ! hé ! S'il vous plaît !… Y a quelqu'un ?… Quelqu'un m'entend ?… Y a quelqu'un dans la maison ? Y a personne ? S'il vous plaît !

L'homme, sur la pointe des pieds, retourne s'asseoir. Il se fige. Une femme entre subrepticement dans la pièce. Elle est vêtue d'un manteau très classe et d'un tailleur, elle a des talons aiguilles, un sac en bandoulière et à la main une sacoche. Brusquement, elle sursaute en apercevant l'homme.

ELLE. – Aaaaaah !… Vous m'avez fait une de ces peurs !… Bonjour, monsieur… La porte était ouverte… J'ai appelé plusieurs fois, mais personne n'a répondu, alors je me suis permis d'entrer… Monsieur ? Excusez-moi de vous déranger, je suis tombée en panne… Monsieur ?… *(Plus fort.)* Monsieur ?… *(L'homme ne répond pas et ne lève même pas la tête vers elle. Il est figé.)* Monsieur ! Monsieur, vous m'entendez ?… *(Elle s'approche de lui.)* Monsieur ?… *(Elle lui parle très fort.)* Bonjour, monsieur. Excusez-moi de vous déranger mais…

LUI. – Mais hééé ! Pourquoi vous braillez comme ça ?

ELLE, *légèrement décontenancée*. – Ah ! « but you speak french » ! Excusez-moi, mais comme vous ne répondiez pas, j'ai cru que vous étiez sourd ! Ou pire : anglais ! *(Elle rit.)* Je plaisante… C'est de l'humour !… O. K. ! Vous me recevez bien là ? *(L'homme la regarde, perplexe.)* Alors, figurez-vous que je suis tombée en panne avec ma voiture pas très loin d'ici. Je roulais tranquillement. Un voyant rouge s'est allumé. Peu de temps après, sous le capot, à l'avant, une fumée blanche est sortie. Et de plus en plus. Si vous aviez vu cette fumée… Hiroshima, vous connaissez ? Eh bien, pareil mais en pire. Impossible de voir la route. Elle a commencé à tousser, à tousser, la voiture bien sûr, pas la fumée, et même à freiner toute seule, par à-coups : paf, clac, clac, clac et pouf ! Et d'un seul coup, elle s'est arrêtée net, plus rien, plus un bruit. Rien que de la fumée et une odeur de caoutchouc brûlé épouvantable. J'essaye de redémarrer, impossible, rien à faire. Alors je panique, je regarde autour de moi et là… l'horreur ! Un authentique désert, la campagne à perte de vue, du vert, rien que du vert avec des arbres, des arbres partout et de l'eau. Je cherche mon iPhone. Et là, vous ne devinerez jamais : vide ! Totalement déchargé, plus de batterie, même pas une petite barrette de rien du tout, inutilisable ! J'ai totalement oublié de le recharger hier soir. C'est fou, on fait des millions de choses, on s'agite dans tous les sens et puis hop ! on oublie l'essentiel. Enfin, vous savez ce que c'est… Non, vous ne savez pas ! Bon !… Bien entendu, pas de chargeur. En plus, vous n'allez pas le croire, j'ai prêté mon cordon d'allume-cigare à ma sœur dimanche dernier et cette idiote a oublié de me le rendre. Je la déteste. C'est une idiote. Ah si ! Y a pas d'autre mot. Vous diriez quoi, vous ? Rien ? Eh bien, moi, je vous le dis : c'est une idiote !… J'ai attendu des heures au bord de la route, personne, pas une voiture, pas le moindre camion. En m'éloignant un peu de ma voiture, j'ai aperçu votre toiture… C'est là que je me suis décidée à venir vous demander de l'aide. Vous êtes la seule maison dans les alentours. Je me suis dit que vous pourriez peut-être me dépanner. Vous vous y connaissez en voitures ?

LUI. – …

ELLE. – Tant pis !… Bon, ben vous pourriez peut-être m'indiquer le garage le plus proche ?

LUI. – …

ELLE. – Tant pis !… Bien, bien, bien ! Je vais, si vous le permettez, consulter l'annuaire… Un annuaire ? Vous avez un annuaire, s'il vous plaît ? Vous savez, un gros livre jaune avec plein de noms et plein de chiffres : a… nnu… aire.

LUI. – …

ELLE, *domine son agacement.* – Bon ! Je vais appeler les renseignements. *(Elle cherche du regard le téléphone.)* Je peux utiliser votre téléphone ?… *(Il ne répond toujours pas.)* Vous pouvez m'indiquer où se trouve votre téléphone, je vous prie ?*(Il fait non de la tête. Elle parle beaucoup plus fort.)* Votre téléphone, il est où ?

LUI, *parle aussi fort qu'elle.* – Y en a pas !

ELLE, *fort.* – De quoi ?

LUI. – De téléphone.

ELLE, *fort.* – Eh ben ?

LUI. – Y en a pas !

ELLE, *violente.* – Comment ça, y en a pas ? *(Effarée.)* Vous n'avez pas le téléphone ?

LUI. – Non.

ELLE. – Vous plaisantez ? C'est une blague ! Vous n'avez peut-être pas de fixe, mais vous avez au moins un portable ! *(Il fait non de la tête.)* Vous n'avez pas de téléphone du tout, du tout, du tout ? *(Même réponse.)* Ce n'est pas possible… Vous êtes sérieux ? *(Il ne répond pas. Elle hausse le ton.)* O. K. ! Écoutez-moi bien ! J'ai absolument besoin de téléphoner. Y a bien un téléphone quelque part ! Une cabine téléphonique ou des voisins qui ont le téléphone, peut-être même l'électricité et l'eau courante…

LUI. – Les Parisiens, plus bas. Mais sont pas là, fait trop froid.

ELLE. – Et au village le plus proche ?

LUI. – Sainte-Christine, à vol d'oiseau, c'est juste derrière.

ELLE. – À vol d'oiseau ?

LUI. – Ben oui. Par la route, y a seize kilomètres.

ELLE. – Seize kilomètres ? Et à vol d'oiseau, ça fait combien ?

LUI. – Ça dépend de l'oiseau. Une tourterelle, un quart heure ; deux bonnes heures pour une bécasse.

ELLE, *rire forcé.* – C'est une blague ?

LUI. – Derrière c'est le marais, je ne vous le conseille pas, quand on ne connaît pas… Vaut mieux passer par la route, c'est plus long mais c'est plus sûr.

ELLE. – Si j'ai bien compris, c'est seize kilomètres ou rien ?

LUI. – Hé !

ELLE. – Seize kilomètres !… C'est énorme seize kilomètres ! Vous vous rendez compte ? Seize kilomètres !

LUI. – Ah oui ! Ça fait au moins… quatre fois quatre et même deux fois huit des fois, trois bonnes heures en marchant d'un bon pas.

ELLE, *à elle-même.* – Je fais quoi ? Je fais comment ?… *(Beaucoup plus gracieuse.)* Ça m'ennuie de vous demander ça, mais est-ce que vous auriez la gentillesse, l'amabilité, l'extrême bienveillance et tout ça, de me conduire jusqu'à un téléphone ? Vous seriez très aimable. *(Il ne répond pas.)* S'il vous plaît. Ça ne vous prendra que quelques minutes. Vous m'emmenez et après je me débrouille. En voiture, il n'y en a pas pour longtemps. S'il vous plaît, soyez sympa !

LUI. – Ah ! ben ça, en voiture c'est vite fait, hein !

ELLE. – Ben oui !

LUI. – Ben oui ! *(Il rit.)* Mais… quelle voiture ?

Elle. – Pas la mienne, hein, ben non, bien sûr… *(Elle rit.)* Non, la vôtre, votre voiture. Paf, paf, paf!

Lui. – Clac, clac, clac!

Elle. – Pouf!

Lui. – C'est sûr qu'en province sans voiture…

Elle. – Alors, on y va?

Lui. – Ben oui, mais y a un petit problème.

Elle. – Quoi?

Lui. – La voiture.

Elle. – Eh ben quoi, la voiture?

Lui. – Ben… je n'ai pas!

Elle. – Comment ça, vous n'avez pas de voiture? *(Il lui répond négativement de la tête.)* Vous avez quoi? Une moto?… Un scooter?… Un vélomoteur?… *(Il répond négativement.)* Un tracteur? *(Même réponse.)* Pas de tracteur?… Un quad?… Un motoculteur? *(Il répond toujours non.)* Un vélo! Vous avez bien un vélo? Tout le monde a un vélo! *(La réponse est toujours la même.)* Je ne vous crois pas!… Ce n'est pas possible… Vous n'avez aucun moyen de locomotion?

Lui, *hausse les épaules.* – J'ai une locomotion parfaite! Je ne suis pas impotent!

Elle. – Non, mais attendez, je cauchemarde, là… Ça n'arrive qu'à moi ce genre d'histoire. Je tombe en panne en France en plein milieu du marais poitevin, sur une route déserte, avec un portable inutilisable. Et dans l'unique bicoque à des kilomètres à la ronde, je me retrouve nez à nez avec Robinson Crusoé ou le dernier des

Mohicans, je ne sais pas, sans téléphone, sans voiture, même pas un vieux vélo… Attendez, j'me concentre. Je respire. J'me calme… Y a certainement une solution. Y a toujours une solution… En tout cas, je ne peux pas rester là. Je dois rentrer chez moi.

Lui. – Oui ! Parce que ce n'est pas un gîte rural ici.

Elle. – Oui ! Sauf que… je fais comment ?… Je ne vais quand même pas rentrer à pied jusqu'à La Rochelle !

Lui. – La Rochelle ?… Si vous partez tout d'suite, dans un jour ou deux vous y êtes.

Elle. – Attendez, j'ai une mauvaise sensation, là. J'ai l'impression que ça vous amuse.

Lui, *observe ses pieds*. – Elles sont chics.

Elle. – De quoi ?

Lui. – Vos chaussures. Elles sont chics, vos chaussures !

Elle. – Oui ?… Je vous remercie. Je suis ravie qu'elles vous plaisent. Mais dans l'immédiat, mes préoccupations sont tout autres.

Lui. – Elles vous vont bien ces chaussures.

Elle. – O. K., c'est très bien, vous aimez bien mes chaussures. Je suis ravie ! C'est super ! Mais là, il faut arrêter de me parler de mes chaussures… Si vous pouviez vous concentrer sur autre chose… Parce que figurez-vous que je dois impérativement rentrer chez moi.

Lui. – Ben oui.

Elle. – C'est tout ce que vous savez dire : « ben oui, ben oui » ?

Lui. – Ben non !

Elle. – Je dois rentrer ce soir ! Pas dans trois jours, ni dans trois heures ! Je dois être chez moi dans l'heure qui vient… On m'attend. C'est important. J'ai des obligations professionnelles… et familiales aussi ! C'est urgent, vous comprenez ?

Lui. – Ben oui. C'est pour ça que je vous parle de vos chaussures. Parce que, avec des pompes pareilles, vous n'allez pas aller loin.

Elle, *regarde par la fenêtre.* – Et voilà, ça y est ! Y manquait plus que ça. Y fait nuit ! C'est Avoriaz, je suis dans un film d'épouvante… *(Plus affable.)* Vous voulez bien m'accompagner jusqu'à un téléphone, je vous prie ?

Lui. – Non !

Elle. – Comment ça, non ? Vous ne pouvez pas me laisser comme ça. Faut m'aider. Je vous l'ai dit, je dois rentrer chez moi.

Lui. – Ah ! ben oui ! Faut rentrer chez vous, maintenant.

Elle. – Mais comment voulez-vous que je fasse ? Je ne peux pas faire seize kilomètres toute seule en pleine nuit, sur une route déserte !

Lui. – Ah si ! Avec vos godasses, faut rester sur la route.

Elle. – Lâchez-moi avec mes godasses !

Lui. – Si une voiture passe, on ne sait jamais, vous pourrez toujours faire du stop. En plus, avec des chaussures pareilles, même les ambulances et les corbillards vont s'arrêter.

Elle, *prend sur elle.* – Du stop la nuit, mais vous êtes fou ! Avec tout ce qui se passe en ce moment…

Lui. – Ben quoi, qu'est-ce qui se passe en ce moment ? C'est la guerre ?

Elle. – Foutez-vous de moi, allez-y. Ne vous gênez surtout pas… Sans téléphone, Internet je ne vous en parle même pas ! Je ne vous pose même pas la question. Vous avez déjà entendu parler d'Internet ? Non, ben non, bien sûr… Vous êtes un vrai pauvre ou un authentique radin ? C'est le Moyen Âge ici. Mais comment vous faites pour vivre dans des conditions pareilles ?

Lui. – Quelles conditions ? Y a pas de conditions.

Elle. – O. K., d'accord !… Et vous vivez seul dans cette grande maison ?

Lui. – Ben oui.

Elle. – Ben oui, forcément !…

Lui. – Elle n'est pas si grande que ça.

Elle. – Qui ça ?

Lui. – La maison, elle n'est pas si grande que ça.

Elle. – La maison, bien sûr, la maison. Non, elle n'est pas si grande. Elle est énorme… énormément rustique. C'est une ruine, un taudis, elle est moche mais rustique, et vous aussi, vous êtes terriblement rustique… Faut m'aider, là. Je sens que je craque un peu… Il faut que je trouve un téléphone.

Lui. – Ben oui, mais y en a pas.

Elle. – Allons chez les Parisiens.

Lui. – C'est fermé comme un bunker. Il faudrait un téléphone, les appeler à Paris pour qu'ils viennent nous ouvrir.

Elle. – Et le marais, vous le connaissez bien le marais, vous ? Guidez-moi jusqu'au village Sainte-Victime, je sais pas quoi.

Lui. – Sainte-Christine, pas Sainte-Victime ! Vous m'en faites une belle de victime ! Je ne suis pas guide touristique et puis vous n'êtes pas du tout équipée pour.

Elle. – C'est pas possible ! Y a sûrement une solution.

Lui. – Des bottes en caoutchouc !

Elle. – Quoi ?

Lui. – Ce qu'il vous faut, c'est des bottes en caoutchouc. J'ai récupéré des bottes d'enfant en caoutchouc. Je vais vous les chercher les bottes en caoutchouc.

Elle. – Mais qu'est-ce que vous voulez que je fasse avec des bottes en caoutchouc ?

Lui. – Ben, pour marcher, ça sera toujours mieux que vos savates…

Elle. – Mais où voulez-vous que j'aille ? Y fait noir !

Lui. – Y fait pas noir, y fait nuit seulement. Vous verrez, l'œil s'habitue.

Elle. – Mon œil peut-être, mais moi ça m'étonnerait. Je ne m'aventure que très rarement à pied, toute seule, sur des routes de campagne en pleine nuit… avec ou sans bottes de caoutchouc.

Lui. – Alors, y a plus qu'une solution…

Elle. – Alors, on y va ?

Lui. – Dormir dans votre voiture, en attendant demain matin.

Elle. – Non, mais ça va pas ! Vous rigolez ou quoi ? Je ne vais pas dormir dans ma voiture. Ça suffit.

Lui. – Vous n'êtes pas obligée de dormir, mais en attendant c'est encore ce qu'y a de mieux.

Elle. – Ce qu'il y a de mieux ? Vous divaguez complètement. Je ne vais pas attendre dans ma voiture, il fait nuit noire.

Lui. – Demain matin y fera jour. Y fera beau, pas chaud, mais beau. Et puis des fois, y a des bagnoles qui passent, le matin, ça arrive. Vous voulez une bougie ?

Elle. – Super ! Vous êtes super. C'est vrai qu'avec une bougie je ne risque pas de mourir de froid.

Lui. – Aaah ça ! Fait pas chaud. Je peux vous prêter une bonne couverture si vous voulez. Mais faudra me la rendre parce que j'y tiens beaucoup, mon grand-père est mort dedans.

Elle. – Ah ! non, merci… O. K. !… D'accord !… Si j'ai bien compris, je n'ai pas d'autre choix que d'attendre ici. Vous êtes en train de m'expliquer gentiment que je suis en quelque sorte à votre merci. C'est ça ? J'ai bien compris ?

Lui. – Merci qui ? Compris quoi ?… Attendre où ça ? Non, mais ça va pas !

Elle. – Ah ! mais si ! Dans la mesure où vous ne me proposez aucune alternative, je n'ai pas le choix. Je ne peux que rester là.

Lui. – Ah non ! Non, non, non, non, ça c'est hors de question, vous pouvez pas rester là.

Elle. – Pourquoi ?

Lui. – Comment ça, pourquoi ? Parce que c'est chez moi. Enfin c'est ici que je vis. Vous ne pouvez pas vous imposer comme ça chez les gens. Vous vous croyez où ? Dans une salle d'attente, au buffet de la gare ? Et puis alors qu'est-ce que je fais, moi, pendant ce temps-là ?

Elle. – Alors aidez-moi. Trouvez-moi une solution pour que je rentre chez moi. Vous proposez quoi ?

Lui. – Je n'ai pas à vous aider, ce n'est pas mon problème. Je vous propose un truc, démerdez-vous !

Elle. – Monsieur est un gentleman. Vous êtes d'une galanterie rare… Bon ! Eh bien, écoutez, comme apparemment vous ne voulez faire aucun effort et qu'il est hors de question que j'aille me perdre en pleine nuit dans la campagne, je reste ici ! Je ne vous dérangerai pas. Je resterai là devant la fenêtre en attendant que le jour se lève. Vous pouvez même aller dormir si vous voulez. J'ferai pas de bruit, je…

Lui. – Non, non, non, non, non ! Vous ne pouvez pas rester là. Ce n'est pas possible… Je ne vous connais pas, moi… Vous êtes qui ? Une « reprise » de justice, une droguée, une SDF, un travesti nymphomane, une mythomane, une schizophrène ? On ne sait pas. On ne sait jamais à qui on a affaire. Et puis, j'vous rappelle que vous devez impérativement rentrer chez vous. On vous attend, faudrait peut-être pas l'oublier. On ne peut pas faire n'importe quoi non plus dans la vie. Y a des moments où il faut être raisonnable. Allez, faut vous reprendre en main, maintenant !

Elle, *totalement excédée*. – Mais je ne peux pas rentrer chez moi !… Qu'est-ce que vous voulez que je fasse ? Vous ne voulez pas m'aider… Et puis regardez-moi ! Regardez-moi bien ! Oh !… Regardez-moi !… Est-ce que j'ai l'air d'une femme dangereuse ?

Lui. – Franchement ?… Oui ! Ah oui ! Si, si, je vous assure. Pourtant je ne vous connais pas beaucoup, mais…

Elle. – Mais moi non plus je ne vous connais pas…

Lui. – Justement, on ne se connaît pas et c'est très bien comme ça ! Bon, allez, faut y aller maintenant. J'vous mets pas à la porte mais… y commence à se faire tard.

Elle. – Mais vous n'avez aucune charité chrétienne !

Lui. – Ah ! ben non ! Ça non plus, j'en ai pas !

Elle. – Un peu d'humanité, le sens de l'hospitalité, un minimum de générosité, de savoir-vivre, je sais pas, moi. Si vous n'êtes ni galant, ni gentleman, soyez au moins civilisé.

Lui. – Civilisé ? *(Il rit.)* Mais elle m'emmerde. Savoir-vivre… Savoir-vivre ? Vous m'avez l'air de savoir vivre, vous. Vous entrez chez moi comme dans un moulin. Ma maison est une ruine, un taudis. Vous me traitez comme le dernier des…

Elle. – … Mohicans !… J'ai dit Mohicans ! Je m'en souviens, j'ai dit : « le dernier des Mohicans »… Si, c'est vrai.

Il la regarde avec un œil noir, elle sent bien qu'elle doit se taire.

Lui. – C'est fini les Mohicans ! Y en a plus de Mohicans ! Y font chier les Mohicans ! *(En l'imitant.)* « Allez, mon brave ! Emmenez-moi au village le plus proche, trouvez-moi un téléphone. Mon auto est en panne. Comment ça, vous n'avez pas de téléphone ? Aucun moyen de locomotion ? Vous n'avez pas Internet ? Mais quelle horreur ! Ce n'est pas possible. C'est le Moyen Âge. Comment pouvez-vous vivre dans des conditions pareilles ? Puisque c'est comme ça, je m'installe ! Faites comme si je n'étais pas là. Ne vous dérangez pas pour moi, allez dormir, mon garçon ! » Vous ne voulez pas non plus que je vous allume la télé ?

Elle. – La télé ? Vous avez la télé ?

Lui. – Non, y en a pas ! C'est l'Moyen Âge ! Je préserve mon cerveau. Bon, on arrête de déconner maintenant. *(Il s'avance vers elle.)*

Elle. – Ah ! ne me touchez pas, hein ! *(Elle est pétrifiée.)*

Lui. – Ah ! mais, je n'vais pas vous toucher ! Vous pouvez être tranquille. Par principe, j'évite tout contact avec l'argent sale.

ELLE. – Je vous demande pardon ? Qu'est-ce qui est sale ?

LUI. – L'argent ! Ben oui, vous sentez quand même un peu l'argent sale. J'ose même pas imaginer comment vous financez votre panoplie de femme fatale, mais…

ELLE. – Allez-y, traitez-moi de pute pendant que vous y êtes ! Ce n'est pas parce que vous vivez dans un taudis qu'il faut en vouloir à la terre entière. Sachez, pauvre type, que je travaille, et beaucoup. L'argent, je le gagne, je ne le vole pas. J'ai sans doute le courage que vous n'avez jamais eu et que vous n'aurez jamais. Je fais plus de soixante mille kilomètres par an.

LUI. – Ça se voit !

ELLE. – Roooh ! Je suis déléguée à la formation médicale pour un gros laboratoire pharmaceutique.

LUI. – Qu'est-ce que je disais ? Une collabo ! Et en plus elle en est fière. *(En l'imitant.)* « Je suis déléguée à la formation médicale pour un gros laboratoire pharmaceutique. » Elle bosse pour les plus grands escrocs de la planète et elle est contente. L'industrie pharmaceutique, les dealers conventionnés de la pharmacodépendance, Docteur Jekyll et Mister Hyde, prédateurs en blouse blanche, boursicoteurs de brevets, fabricants de virus, contaminateurs d'antibiotiques ! Vache folle, vache qui rit et veaux qui pleurent. « Business is business ! » Toujours les mêmes porcs qui font leur beurre.

ELLE. – Vous êtes un grand malade, hein.

LUI. – Ah non ! Je fais tout pour pas l'être. Je sais qu'il existe des gonzesses comme vous qui achètent des strings à cent cinquante euros en spéculant sur ma prostate, ma déprime ou mon cancer.

ELLE. – Vous n'avez pas dû en voir beaucoup des strings à cent cinquante euros.

Lui. – Je ne préfère pas les voir; après les heures que vous passez dans votre bagnole, ils ne doivent pas être d'une grande fraîcheur vos strings…

Elle. – À respirer l'odeur qui règne dans cette baraque, je ne crois pas que nous ayons les mêmes critères de fraîcheur.

Lui. – Détrompez-vous, cette odeur de poule c'est la vôtre. D'ailleurs si vous voulez bien sortir de chez moi, je pourrai enfin reprendre mon souffle. Je fatigue, là. Je suis en apnée depuis que vous êtes entrée.

Elle. – Pauvre type! Vous n'êtes vraiment qu'un pauvre type. *(Elle sort énergiquement. Off.)* Sale con!

> *Il sourit, pousse un grand soupir, se rassoit et se sert un verre de vin qu'il semble savourer avec délectation. Il hausse les épaules.*
> *Elle réapparaît à la porte, sa sacoche serrée contre sa poitrine. Lui ne l'a pas entendue et ne la voit pas.*

Elle. – J'peux pas! *(Il se retourne dans un soupir de profonde lassitude.)* Je ne peux pas! Y fait trop noir.

Lui. – Comment ça, trop noir? Je n'veux pas le savoir. Vous étiez partie. Quand on part, on part. Ça sert à quoi de partir, si c'est pour revenir sans être parti? À ce moment-là, ce n'est même pas la peine de partir.

Elle. – J'aime pas quand y fait nuit, c'est tout!… Écoutez, nous nous sommes réciproquement un petit peu énervés, mais je ne vous en veux pas. Soyez sympa! Je ne vous dérangerai pas. Je ne ferai pas de bruit. Laissez-moi attendre ici. Je vais rester là sans bouger et au lever du jour je disparaîtrai, je vous le promets.

Lui. – Non, j'ai dit non! Comment il faut vous le dire?

Elle. – J'peux vous dédommager. Je n'ai pas grand-chose sur moi, mais…

Lui. – Ah! ben, si vous me proposez un peu de pognon, ça change tout! Combien?

Elle. – Vingt euros.

Lui. – Pardon? Vingt euros? Madame est trop généreuse. Vous vous foutez de ma gueule ou quoi?

Elle. – Ce n'est quand même pas le « Ritz ». Bon, allez, vingt-cinq, et c'est bien payé!

Elle. – Bon, allez, trente, c'est tout ce que j'ai sur moi. Je ne pourrai pas faire plus.

Lui. – Cassez-vous! Cassez-vous, j'vous dis! Allez négocier vos charmes un peu plus loin.

Elle. – Vous n'avez pas le droit de me parler comme ça. Vous m'entendez? Vous n'avez pas le droit! On ne traite pas les gens comme ça. Je suis en danger, votre devoir est de m'aider. Vous n'avez pas le droit de me jeter dehors.

Lui. – C'est vrai! Vous avez raison! Appelez la police.

Elle. – Ce que vous êtes drôle, c'est consternant. Si je vous donne cinquante euros, ça va?

Lui. – Je ne prends pas la carte bleue.

Elle. – Les voilà en liquide. Cinquante euros. C'est bon? Je peux rester?

Lui. – Oooh! magie! Elle en avait plus et puis hop! elle en a encore! Vous êtes malhonnête. Ce n'est pas joli, joli.

ELLE. – Bon, j'peux rester ?

LUI. – C'est magnifique le commerce. On peut tout acheter avec de l'argent.

ELLE, *lui tend les billets.* – Tenez !

LUI, *repousse sa main et les billets.* – Disparaissez !

ELLE. – Prenez-les ! C'est pour vous !…

LUI. – Disparaissez !

ELLE. – Arrêtez ! Ça suffit maintenant ! À quoi vous jouez ? Qu'est-ce que vous voulez à la fin ?… Allez, j'vous en prie, laissez-moi attendre ici, soyez chic.

LUI. – Chic ? Ben v'là aut' chose maintenant ! Bon, d'accord, je vais être chic, super-chic, hyper chic, méga-chic. J'vais vous prêter une lampe torche, O. K. ?

ELLE. – Pour quoi faire ?

LUI. – Pour que vous disparaissiez.

ELLE. – Mais pour aller où ?

LUI. – Je m'en fous. Vous ne restez pas là, un point c'est tout.

ELLE. – C'est quoi votre problème ?… Vous n'êtes pas bien. Vous n'êtes pas fini, vous. Il vous manque une case. Vous êtes mutilé, misanthrope, homosexuel ou tout simplement abruti ?

LUI. – Voilà, c'est ça ! Je suis tout ça à la fois : mutilé, homosexuel et abruti. Je ne supporte plus rien ni personne et surtout pas les bonnes femmes. Alors maintenant, ouste, dehors !

ELLE. – Vous mentez ! Si vous étiez homosexuel, vous auriez un peu plus d'humanité et de sensibilité.

Lui. – J'en avais avant d'être mutilé… Bon, cette lampe torche, vous la voulez ou pas ?

Elle. – Expliquez-moi d'abord pourquoi vous me traitez comme ça. Je ne comprends pas. Vous êtes malheureux à ce point-là ? C'est la solitude ?

Lui. – Vous pouvez tout de suite remballer votre uniforme d'infirmière psychiatrique. Je ne suis pas client. Allez faire mon thème astral dehors, la voûte céleste est parfaite ce soir.

Elle. – Stop ! Ça commence à bien faire maintenant, espèce de sadique ! Qu'est-ce que vous voulez à la fin ? Qu'est-ce que vous cherchez ? Vous voulez que je vous supplie ? Vous voulez me voir à genoux ? C'est ça ? Vous voulez m'humilier ? Ça vous excite ? Ça vous amuse de me déstabiliser, de me voir totalement désemparée ? J'ai une peur panique du noir. Vous ne pouvez pas comprendre ça ? C'est trop compliqué pour vous. Même si je voulais, je ne saurais pas où aller… je ne pourrais pas m'en aller. Alors si vous êtes assez inhumain pour profiter de la situation…

Lui. – Vous me proposez la botte, là, ou quoi ?

Elle. – Quelles bottes ? Vous n'allez pas recommencer avec vos bottes !

Lui. – Laissez tomber, laissez tomber… Vous êtes plutôt gonflée, hein. Qui profite de qui, là ? Alors moi je suis un odieux vicelard et vous, vous êtes qui ? La maman du petit Jésus ? Vous ne seriez pas en train de retourner la situation, par hasard ? J'vous rappelle que c'est vous qui êtes entrée chez moi sans y avoir été invitée, que c'est vous qui squattez ma maison depuis une demi-heure. C'est ni plus ni moins qu'une violation de propriété privée. Qui est venu casser les couilles à l'autre ?

ELLE. – C'est quand même pas de ma faute si je suis tombée en panne !

LUI. – Non, ben bien sûr. C'est de la mienne. J'ai un voyant rouge qui s'allume sous mon nez dans ma bagnole. Je ne m'arrête pas. Ça fume, je continue. J'attends que ça pète, que tout explose. Une fois que tout a bien cramé, madame nous joue les trois orphelines : « Oh ! ma voiture elle est cassée ! Mon iPhone il est tout déchargé ! Je suis seule au monde ! J'ai peur dans le noir, la nuit ! » Dis donc, Cosette… *(Il lui indique son front.)* Y a pas écrit Jean Valjean, là !

ELLE. – Ah ! ça non, effectivement ! Y a rien ! Absolument rien. Rien d'écrit, rien à voir, je confirme. C'est le grand vide. C'est sûr, vous n'êtes pas Jean Valjean, et je ne suis pas Cosette. Alors, allez vous faire foutre !

LUI. – Aaah ! le vernis s'écaille, le rimmel dégouline, vos porte-jarretelles sont sous pression. Ça va péter !

ELLE. – Arrêtez ! Je vous en supplie, arrêtez !… Vous avez raison ! Je me suis comportée comme une idiote. J'ai paniqué, je n'ai pensé qu'à moi. De toute façon, je ne pense qu'à moi, c'est plus fort que moi. Je ne pense qu'à moi. Je n'ai pas le choix. Je n'ai pas respecté votre intimité, je m'en rends bien compte …

LUI. – On envoie les violons tout de suite ou vous allez rejoindre les grillons dehors ? Parce que je vous préviens que si vous ne disparaissez pas dans la minute qui suit, je sens que cette histoire va très mal finir. Je suis très impulsif quand je suis en colère et je me contrôle difficilement dans ces cas-là.

ELLE. – Faut pas vous mettre en colère. Je ne suis pas si stupide. Je suis une grande fille, vous savez. Vous pensez que je suis inaccessible, c'est ça ? C'est ce qui vous rend si hargneux ?… Vous ne dites rien ? Vous ne répondez pas ?

Lui, *ferme les yeux.* – Ta gueule.

Elle. – Pardon ?

Lui. – Ferme ta gueule.

Elle. – Ah bon ?

Lui, *s'avance vers elle lentement.* – Ta chaussure ! Donne-moi ta chaussure !

Elle. – Pour quoi faire ?

Lui. – J'ai dit donne !!! *(Elle retire l'une de ses chaussures et la lui tend. Il la prend et la pose sur la table. Il s'assoit à la table et contemple l'objet, subjugué. Il saisit la chaussure et la tourne, la retourne dans tous les sens, la tord, la caresse, la sent.)* L'autre. Apporte-moi l'autre. *(Elle s'exécute et pose la deuxième chaussure sur la table. Il les dispose côte à côte et les contemple, les compare. Un sourire d'admiration l'envahit.)* Elles sont magnifiques ces chaussures… C'est du beau boulot… Du très beau travail. *(Il se lève, prend les chaussures, s'avance lentement vers elle et les lui tend. Elle veut les saisir, il se rétracte.)* Elles valent combien, à vol d'oiseau ?

Elle, *encore toute tremblante, pétrifiée de peur.* – Quoi ?… Je ne sais pas !

Lui. – Soixante-quinze, quatre-vingts euros, c'est ça ?

Elle. – Oui, oui, c'est ça.

Lui. – Normal… Vous savez d'où elles viennent ?

Elle. – D'un magasin… Un magasin de chaussures ?

Lui. – Du Sud-Est asiatique !… Balaise, non ? Vous ne trouvez pas ?

Elle. – Si, si !

Lui, *garde les chaussures et va les mettre plus loin*. – Bon, écoutez-moi bien maintenant. Je ne vais pas vous le répéter deux fois. Vous restez assise là et vous ne bougez plus. C'est compris ?

Elle. – Oui, monsieur.

> *Il cherche autour de lui et finit par plonger la main dans le fond d'un carton. Il en sort un vieux téléphone portable qui ressemble plus à un talkie-walkie.*

Lui, *lui tend*. – Tenez !

Elle. – Qu'est-ce que c'est ?

Lui. – Ben, un téléphone, un téléphone portable.

Elle. – Qu'est-ce que vous voulez que je fasse avec ce truc ?

Lui. – Eh ben, téléphoner, c'est un téléphone. Qu'est-ce qu'on fait avec un téléphone ? Eh ben, on téléphone. C'est pas ce que vous vouliez, téléphoner ? Alors, vous téléphonez et vous dégagez… et le plus vite possible.

Elle. – En supposant que cette pièce de musée marche, qui voulez-vous que j'appelle à une heure pareille ? Les garages sont fermés, mon répertoire téléphonique est dans mon iPhone. Vous n'avez pas d'annuaire. Et chez moi, y a personne. Parce que c'est chez moi et que chez moi, y a personne. Voilà, vous êtes content ?

Lui. – Et les renseignements, ce n'est pas fait pour les chiens les renseignements !

Elle. – Oui, seulement elle ne fonctionne pas votre antiquité. Vous êtes sûr qu'il n'y avait pas une manivelle livrée avec ?

Lui. – Y a un an, il fonctionnait encore… Il va s'allumer au bout d'un moment.

Elle. – Oui, ou distribuer des glaçons.

Lui. – Je fais ce que je peux avec ce que j'ai. Et vous, vous faites quoi ? Vous décidez quoi ?

Elle. – Je ne décide rien du tout, je subis, je me résigne. Vous m'avez fait peur. Vous me faites peur. La situation me dépasse totalement, elle me terrorise. J'ai horreur de ça. J'attends, je vais attendre que ce cauchemar s'arrête. Vous pouvez bien dire ce que vous voulez maintenant, je m'en fous. Je ne sortirai pas d'ici avant qu'il fasse jour.

Lui. – Et voilà !… Voilà ce que c'est d'être trop gentil. On finit par se retrouver avec une pétasse en plein milieu de sa salle à manger… Putain d'femelle ! Et puis attention, ce n'est pas de la greluche bon marché. Ah ! non, non, non ! C'est du haut de gamme, une authentique bigote du CAC 40, une groupie lascive du pouvoir sous toutes ses formes… Ah ! y a pas d'erreur, c'est de la femme honnête ! Une bonne petite gagneuse aguichante, sensuelle comme une banque suisse.

Elle. – C'est ça, allez-y, défoulez-vous si ça vous fait du bien. Si ça peut vous faire plaisir. Je n'ai pas l'intention de répondre à vos provocations, ni d'entretenir une discussion avec vous.

Lui, *violent*. – C'est ça, alors, si tu veux rester là, tu vas fermer ta gueule ! Tu bouges surtout pas et tu fermes ta gueule ! *(Soudain beaucoup plus calme.)* Est-ce que je me suis bien fait comprendre ? *(Elle ne répond pas.)* J'suis quand même sympa, non ? Bon, O. K., d'accord, je vous ai déçue, vous ne m'avez pas senti émoustillé face à votre charme irrésistible, à votre féminité incandescente. Vous n'avez pas l'habitude. Eh ben, non, vous n'avez pas provoqué d'émotion particulière. Mais vous n'y êtes pour rien, j'vous rassure, ma libido est au point mort depuis belle lurette. C'est pas très poli, j'm'en rends bien compte. En fait, j'ai toujours détesté les sapins de Noël… même tout petit, ça ne m'a jamais excité les sapins de Noël. En parlant de boules, vous aimez le champagne ? Ça vous dirait une petite coupe de champagne ? Y en a pas. Mais si j'en avais je ferais péter une bouteille. Déléguée à la formation médicale… Enfin bon, visiteuse médicale, quoi !… Vous avez foiré vos études. C'est pas grave, ce qui est important c'est d'avoir quelque chose à vendre, un truc à négocier avec les dominants du troupeau. Et vous, vous avez du matos… J'aime bien parler avec vous, ça m'détend… Alors comme ça, vous pratiquez le culte de la séduction, le tue-mouches à queutard, le piège à quéquettes, glamour subtil, un tantinet vul-gosse juste ce qu'il faut pour hypnotiser vos victimes. C'est très clair, Marie-Pierre. Avez-vous réussi à faire un beau mariage, au moins ? Non ? C'est injuste. Je suis sûr que vous le méritiez. Mais l'opportunisme a des abîmes que la raison sous-estime, Martine.

ELLE. – Absolument, Fernand !

LUI. – Ta gueule !

ELLE, *se lève*. – Alors comme ça, votre truc à vous ce sont les chaussures.

LUI. – T'as bougé !

ELLE. – Nooon ?

LUI, *comme fou*. – Si, t'as bougé !

ELLE, *provocatrice*. – Nooon, c'est pas vrai ! J'ai bougé ? Sans blague ?

LUI, *totalement illuminé*. – J'avais dit : pas bouger ! *(Il sort pré-cipitamment de scène. Off.)* Elle a bougé. J'lui avais dit, pas bouger. C'est incroyable, personne n'écoute personne. Les gens s'en foutent de ce qu'on leur dit.

Elle. – Qu'est-ce qui se passe encore? Qu'est-ce qui vous arrive?

Paniquée, elle cherche autour d'elle un refuge, une issue. Il réapparaît totalement affolé, une corde à la main. Il se rue sur elle et la saisit violemment.

Lui. – Fallait pas bouger. *(Il l'entraîne vers la chaise, l'assied brutalement.)*

Elle. – Calmez-vous! Doucement! Aïe, vous me faites mal! *(Il la ligote consciencieusement.)* Mais vous êtes complètement cinglé! Ça suffit, arrêtez ça immédiatement! Vous n'avez pas le droit de faire…

Lui, *très violent.* – Ta gueule! Ferme ta gueule! J'avais dit : pas bouger. T'as désobéi… Sale garce!

Elle. – Mais ça va pas, hein… Faut arrêter la bibine. Je ne sais pas à quoi vous carburez, mais alors… Détache-moi!

Lui. – Non!… Fallait pas bouger, je vous avais dit de pas bouger. J'vous avais prévenue, je ne vous ai pas prise en traître. Pas bouger, c'est pas bouger!

Elle. – Allez, détache-moi!

Lui. – Arrêtez de me tutoyer!

Elle. – T'es conscient que t'es en train de me séquestrer?

Lui. – Pas du tout. Je vous empêche de bouger. C'est pas pareil.

Elle. – Tu veux plus que je parte?

Lui. – Quoi?

Elle. – Tu veux plus que je parte?

Lui. – Ben si, pourquoi?

Elle. – Alors détache-moi !

Lui. – Si j'vous détache, vous partez ?

Elle. – Détache-moi !

Lui. – J'vous l'demande une dernière fois : arrêtez de me tutoyer ! C'est insupportable. Qu'est-ce qui me prouve que vous allez partir ? Vous m'emmerdez depuis une plombe avec votre phobie du noir, et puis là, comme une fleur, vous m'annoncez tranquillement que vous allez partir.

Elle. – Je veux que tu me détaches et que tu me donnes mes chaussures ! Si tu ne me détaches pas, je porte plainte dès que je peux pour harcèlement et séquestration. *(Il saisit le torchon qui traîne sur la table et la bâillonne.)* Noooon… Mmmm… mmmm…

Lui. – Ah ! ben, ça fait du bien quand ça s'arrête ! Je vous avais prévenue. Vous n'avez pas voulu m'écouter, tant pis pour vous… Vous porterez plainte plus tard, si vous voulez. De toute façon, vous ne serez pas la première. *(Elle se redresse brusquement. On aperçoit ses yeux grands ouverts derrière le bâillon, elle semble saisie de terreur.)* En attendant, sage ! Pas bouger !… *(À lui-même.)* Ah ! la salope ! Mais quelle salope ! Je n'ai quand même pas été la chercher, celle-là ! C'est une malédiction, c'est pas vrai… J'me mets au vert. J'vis ma vie sans faire de vagues. Je ne m'occupe plus de rien ni de personne. Au fil du temps, je suis pratiquement devenu biodégradable. Et qu'est-ce qui vient s'écraser sur mes pompes ? Une putain de sauterelle, une mine à emmerdes, un authentique parasite humain, entre parenthèses, l'un de nos plus beaux spécimens, le modèle « femelle occidentale ». Ce magnifique exemplaire est une femme libre, affranchie de la domination du mâle, et ne me dites pas le contraire ! C'est pourtant bel et bien elle, l'éminence grise de l'homme blanc depuis la nuit des temps. C'est elle la force occulte du mâle occidental… Reproductrice, boniche, potiche, objet de désir, objet de plaisir, asservie, frustrée, maltraitée, méprisée, si régulièrement abusée, violentée durant des siècles et des siècles, comment cette pauvre créature a-t-elle bien pu survivre ? Comment a-t-elle pu soutenir, coopérer, copuler et s'unir même à de pareils enfoirés ? Victime ou complice ? Alors ? Tout à la fois idole et sorcière. Mais pourquoi l'homme a-t-il toujours eu aussi peur des femmes ?… Vous savez, moi, j'ai longtemps cru que les femmes étaient des anges… Des êtres exceptionnels, dotés de pouvoirs surnaturels. Des fées ou des déesses, de somptueuses prêtresses faites d'amour et de tendresse, de grâce et de délicatesse… Alors comment une fois libérées, comment vous êtes-vous démerdées pour devenir aussi connes que les mecs ? Et même pire parfois… Pourquoi avez-vous quitté si brutalement le monde de la sensibilité, de la douceur, du romantisme, pour vous vautrer dans cette grande partouze de névrosés où tout l'monde baise tout l'monde ? Franchement… Expliquez-moi, dites quelque chose. C'est quoi, cette course aux pouvoirs, cette compète à perpète, cette grand-messe où chacun fait ses dévotions au tout-puissant pognon ? Répondez… Comment faites-vous pour être aussi ordinaires, vulgaires, impudiques, tellement prévisibles, cruelles, vénales et surtout, aussi nulles en mécanique ?… Bon ! Je ne suis pas complètement neuneu non plus. Je sais bien que vous avez toujours été sensible à l'érection boule-versante du prédateur. Si, si, vous aimez le pouvoir et ses intrigues, le luxe, et tout ce qui brille, mais à ce point-là… On n'est pas bien là, tous les deux, à bavarder tranquillement ?… C'est quand même plus agréable de monologuer à deux que de parler tout seul. Vous êtes d'accord ? Vous êtes tenaces, passionnées, courageuses, bien plus puissantes que la plupart des mecs… Le mâle, lui, du nord au sud, de l'est à l'ouest, le mâle reste un mâle, un misérable fornicateur, un explorateur insatiable, un conquérant impénitent, un braqueur de foufounes… Il était temps de frapper un grand coup sur l'extrémité de ce phallus arrogant. On est d'accord… Seulement voilà, vous ne pouvez pas encore vous en passer totalement de ces mâles emboîtables et accessoirement éjaculateurs de ressources humaines… Il faut donc les convertir. Il faut exorciser les hommes de leurs instincts primaires, de leurs déviances. En un mot, les fé-mi-ni-ser… Et le mâle se plie petit à petit au formatage des grands maîtres de la psychanalyse occidentale. Il se rallie aux exigences de la pensée dominante. Terminé le temps des cerises, fini de mater sous les jupes des filles, de palper les fruits de la passion pour un oui ou pour un non, de n'avoir comme seule ambition que de s'introduire dans le moindre orifice d'une prise femelle accessible… J'ai pas raison ? Mais bien sûr. Un peu de tendresse, d'élégance, de délicatesse… Ceci dit, il devient très androgyne le garçon, hétérosexuel version équivoque, parce que lui aussi il fait des régimes, lui aussi il souhaite ressembler à une photo de magazine. Il se rase toujours, mais maintenant il s'épile aussi. Il veut être désirable, sexy, musclé, lisse et caoutchouteux, vibrant comme un joujou à piles. C'est plus qu'une tapette à pétasses, une tarlouze à grenouilles, toiletté, débroussaillé jusqu'aux oreilles… Et avec les enfants c'est pareil, plus question de pères archaïques, de ces brutes qui risquent de traumatiser, de déplaire même aux très chers, chair de leur chair. Perdus en mer les pères, aujourd'hui, parents, c'est plus qu'une paire de mères !… Il ne nous manque plus qu'une chose : c'est qu'ils accouchent les papas poules, qu'ils enfantent à leur tour. C'est vrai ça, qu'est-ce qu'ils foutent les scientifiques ?

ELLE. – Humpf humpf ! *(Elle s'agite un peu.)*

LUI. – Ah ! ben bien sûr, tout le monde attend ça ! Et en attendant, l'homme s'applique à communiquer. C'est-à-dire vous écouter. Voire, plus fort encore, vous répondre ! D'ailleurs l'homme fait de grands pas. Il parle… Alléluia !!! Il s'exprime. Comme la femme d'hier et d'aujourd'hui, l'homme, lui aussi, parle pour ne rien dire… Et je le prouve à cet instant précis, là, devant vous… Je me répands. Car le monde entier se répand, il jacasse, disserte, explique, analyse, justifie, négocie, mystifie. Il est tellement intelligent, l'être humain, qu'il lui suffit de consommer et de communiquer pour se persuader qu'il existe vraiment. Et c'est à peine s'il a encore le temps d'être simplement vivant.

ELLE. – Humpf !

LUI. – Mais oui ! Mais oui, bien sûr ! Et alors ?… Ho ! hé ! S'il vous plaît. Dites donc… Non, mais sans blague. Ça suffit maintenant !… Je sais très bien ce que vous pensez : les mecs sont largués. Ils ne sont plus à la hauteur. C'est ça ?… C'est ce qui justifie que vous entamiez vous-même l'ascension de la pyramide sociale, que vous participiez, vous aussi, sans aucun état d'âme, à cette somptueuse économie de marché, la croissance jusqu'au développement durable de ce monde incurable… Alors élever des enfants, éduquer de futurs citoyens et de futures citoyennes, tout le monde s'en fout, ça n'intéresse plus personne, à part quelques enseignants, quelques naïfs très militants. Parce que se consacrer à l'équilibre psychique des générations à venir, c'est épuisant, c'est atrocement contraignant. Être de vrais parents, dire « non », ça prend du temps, beaucoup trop de temps. On n'a pas le temps !… Quel monde allons-nous laisser à nos enfants ? Et surtout quels enfants allons-nous laisser à ce monde ?… Parce que chacun d'entre nous permet aux jeunes parasites de croire que quand on naît dans un pays riche on a le droit pour soi et le devoir de vivre comme un blaireau.

ELLE. – Hum !… Hum, hum, hum ! *(Elle s'agite, semble vouloir dire quelque chose.)*

Lui. – Ah oui ! Moi aussi. Il y a longtemps que je n'avais pas eu une conversation aussi intéressante avec une femme de sexe féminin. Je suis content.

Elle. – Hum !… Hum, hum, hum !

Lui. – On est d'accord ! Fini les phallocrates, vive les clitocrates !!!

Elle. – Hum !… Hum, hum, hum ! *(Elle s'agite de plus belle.)*

Lui. – Quoi ? Qu'est-ce qu'il y a encore ? *(Il retire le bâillon.)*

Elle. – Détachez-moi immédiatement ! Y a urgence… Détachez-moi, imbécile ! *(Elle hurle.)* J'ai envie de faire pipi, espèce d'abruti !!!

Lui. – O. K., ça va, j'pouvais pas savoir. *(Il la détache.)* Bon, ben, vous allez faire ça dehors.

Elle. – Dehors ? Pourquoi dehors ?

Lui, *la détache.* – Parce que c'est dehors. C'est ce qu'on appelle un cabinet de jardin. Vous savez, c'est une toute petite maison dans laquelle on entre, on s'assoit sur une planche avec un trou au travers duquel on fait ce que l'on a à faire et après, tout retourne à la terre… *(Elle se lève précipitamment et sort de scène.)* Y a un cœur découpé dans la porte, vous penserez à moi. Attendez ! Il faut prendre une lampe. *(Il sourit, s'amuse de la situation, on entend un liquide qui tombe bruyamment au fond d'une bassine en ferraille. Il se bloque sur place, totalement dépité.)* Ah non !… C'est pas vrai ! Vous faites quoi, là ? Vous n'êtes quand même pas en train de… Mais ce n'est pas possible !

Elle, *off.* – Je n'ai pas pu me retenir. Ça fait un quart d'heure que j'essayais de vous le dire, vous n'aviez qu'à me détacher avant.

Lui. – Ah bon ! C'était ça !

Elle, *off.* – Qu'est-ce que vous imaginiez ? Que vos élucubrations misogynes m'enthousiasmaient ? Que je manifestais mon admiration ? « Ah oui ! C'est bon ! Continuez, j'adore, vous êtes génial ! »

Lui. – Ah ! ben d'accord ! Alors allez-y, ne vous gênez surtout pas, faites comme chez vous, pissez partout, marquez votre territoire.

Elle, *off.* – Oh ! ça va ! Vous n'allez pas nous en faire un plat. J'vais nettoyer. *(Elle pousse un cri terrible.)* Mais… qu'est-ce que c'est que ça ? Y a du sang partout !

Un long silence suit. Il semble pétrifié comme un enfant surpris et coupable d'une bêtise. Une violente colère l'envahit soudain.

Lui, *hurle.* – Sortez de ma cuisine immédiatement !!! Vous vous croyez où, là, espèce de… de… de pisseuse !!!

Il sort, furieux. Il réapparaît immédiatement en marche arrière. Elle entre devant lui avec un énorme couteau à la main. Elle est terrorisée. Elle tremble de tout son être. Lui recule devant la menace mal assurée du couteau qu'elle tient.

Elle, *toute tremblante de peur et de panique.* – Qu'est-ce que vous avez fait ?… Y a du sang partout… Reculez ou je vous enfonce ce couteau dans le bide !

Lui. – Mais c'est le lapin ! J'ai pas réussi à le tuer du premier coup, alors il s'est mis à sauter dans tous les sens jusqu'au plafond. Comme je l'avais déjà un peu entaillé, il a foutu du sang partout.

Elle. – Ah ! la pauv' bête… Y a pas autant de sang dans un lapin !

Lui. – Si vous le dites. Vous pensez à quoi ? Un mammouth, un dinosaure ?

Elle. – Vous me prenez vraiment pour une demeurée ! *(Elle s'avance vers lui, menaçante.)*

Lui, *rit.* – Hé, D'Artagnan, vous allez où avec ce couteau ? À votre place, je disparaîtrais. Je prendrais mes cliques et mes claques et je quitterais cette maison avant qu'il soit trop tard.

Elle. – Vous êtes un vrai dingue ! Je ne sais pas ce qu'il s'est passé dans cette cuisine, mais je suis bien décidée à ne pas me laisser faire. Je n'hésiterai pas à vous enfoncer ce couteau dans le bide si c'est nécessaire. Je crois même que j'aurai un certain plaisir à vous embrocher.

Lui. – C'est normal ça. La pénétration, pour une femme, c'est le fantasme absolu… Mais la chirurgie, c'est un métier ! La boucherie aussi ! Alors arrêtez d'vous la péter.

Elle, *l'imitant.* – « Arrêtez d'vous la péter ! » Je crois que pour vous réduire au silence, je suis prête à tout. Je ne suis pas une proie.

Lui, *rit.* – Une proie ? C'est drôle, je n'vois pas du tout les choses comme ça, moi.

Elle. – Ah oui ? Seulement je me fous de ce que vous pensez. Vous êtes pitoyable dans votre rôle de provocateur de cour de récréation. Vous n'êtes qu'un vieux réac qui s'emmêle les crayons entre tous les clichés minables d'extrême droite et les délires écolos d'extrême gauche.

Lui. – Je ne suis ni d'extrême droite, ni d'extrême gauche. Mais vous, vous commencez à être extrêmement chiante.

Elle. – Alors comme ça, la société est pourrie, les êtres humains sont des parasites et les femmes ont couché avec l'ennemi ? Vous n'allez quand même pas nous tondre ? Espèce de vieux facho misogyne !

Lui. – Vous n'avez rien compris. Je ne vous déteste pas parce que vous êtes une femme. Je vous hais parce que vous êtes une hyène !… *(Elle brandit le couteau vers lui. Il écarte le bras et lui* *présente sa poitrine.)* Allez-y, je ne demande que ça !… Bon, vous comptez faire quoi exactement ? Vous avez décidé d'évacuer le terrain à quelle heure ?

ELLE. – Je ne sais pas encore, je vais réfléchir. Je vais peut-être commencer par appeler la police.

LUI. – Ah oui ? Vous avez l'intention de vous y prendre comment ? Vous les appelez par la fenêtre ?

ELLE. – Non, en composant le 17 sur mon téléphone.

LUI. – Quel téléphone ? Je croyais qu'il était H. S. votre téléphone.

ELLE. – Pas du tout. Pourquoi ?

LUI. – Ah ! O. K. ! Eh ben, si votre téléphone fonctionne, maintenant, allez-y. Violation de propriété privée, attaque à main armée, menaces en tout genre, je les connais bien, ça va leur plaire.

ELLE. – Ce qui va vraiment les intéresser à mon avis, c'est la décoration mouchetée sanguine de votre cuisine. Séquestration, harcèlement, et je peux en rajouter sans aucun problème avec une certaine délectation.

LUI. – Ah ! ben oui ! Avec un prélèvement ADN ils vont le retrouver le lapin. Arrêtez de me menacer avec ce couteau.

Il lui saisit le poignet énergiquement. Elle lâche le couteau sous la contrainte. Il ramasse le couteau qu'il empoigne nerveusement.

ELLE. – Moi aussi, je vous hais. Vous n'êtes qu'un pervers. Ça vous a fait du bien, au moins, de m'attacher ? Vous auriez peut-être souhaité me voir déambuler à quatre pattes ?

LUI. – Arrêtez, vous m'excitez ! Vous êtes folle ! *(Il rit.)* Vous voulez que je vous réponde franchement, très franchement ?

Elle. – Allez-y !

Lui. – Je ne sais pas si c'est la bonne réponse, mais… je n'en ai rien à foutre de vous, de votre cul et de tout le reste… J'ai bien répondu ?

Elle. – Pas sûr.

Lui. – En fait, vous incarnez tout ce que je déteste le plus au monde. Vous faites remonter en moi des souvenirs extrêmement pénibles… Ce que je reproche aux femmes comme vous, c'est d'être des arnaqueuses.

Elle. – Les femmes comme moi ? Mais qu'est-ce que vous savez de moi, vous ? Comment pouvez-vous me juger ? De quel droit vous vous permettez de m'insulter, de me mépriser comme vous le faites depuis que je suis entrée ici ?

Lui. – Vous n'êtes pas tombée en panne et votre téléphone fonctionne certainement. Je sais tout de vous, vos chaussures vous ont trahie. Si vous aviez mis un pied dans une de mes chaussures, croyez-moi, vous seriez une autre femme.

Elle. – Vous avez travaillé dans une usine de chaussures et vous avez été licencié, c'est ça ?

Lui. – Non, madame. J'ai été divorcé, pas licencié, mais c'est un peu la même chose. Trompé par une femme de votre acabit. J'ai dû céder mon usine, à elle et à son amant. Ce sont eux qui ont fini par licencier mes cent vingt-trois salariés. Mais vous le savez très bien.

Elle. – Pardon ? Je sais quoi ?

Lui. – Rien.

Elle. – Alors les chaussures, c'était ça ? Remarquez, si vous étiez déjà aussi secoué, on peut très bien comprendre qu'elle soit allée voir ailleurs. Vous ne vous remettez jamais en question, vous ? Vous avez fait le tour de tout. Vous tirez des grandes lignes et c'est parole d'évangile.

Lui. – Ben non, bien sûr, je vous attendais pour que vous ayez le plaisir de m'apprendre que j'ai certainement une part de responsabilité. Vous êtes psychologue. Vous êtes une pro du vaudeville, vous… Que voulez-vous, c'est l'amour en portions individuelles… Vous en côtoyez beaucoup, vous, des couples indestructibles ? À vue de nez on croise plus de compromis hasardeux, d'escroqueries en tout genre et de prostitution discrète que d'amours inébranlables.

Elle. – « On, on, on… » Arrêtez de généraliser. Dites « je » si vous en êtes capable, ce sera plus simple.

Lui. – Je suis d'accord avec vous. J'arrête de généraliser. Qu'est-ce que vous êtes venue chercher ici ? Vous êtes encore plus débile que j'imaginais. Vous pensiez vraiment que j'allais croire à votre histoire ? Dès que vous êtes entrée, je vous ai tout de suite associée à Florence, je ne sais pas pourquoi. J'ai senti immédiatement qu'elle n'était pas loin, qu'il y avait un lien entre elle et vous.

Elle. – Je ne connais pas de Florence. Je ne vous ai jamais vu. J'habite à La Rochelle. Je suis déléguée à la formation médicale.

Lui. – Oui, et vous êtes tombée en panne devant ma porte, sur mon paillasson, par le plus grand des hasards.

Elle. – Arrêtez ! Puisque je vous dis que vous vous trompez… Je ne connais pas votre Florence. Ça commence à être très inquiétant. Rassurez-moi vite, là, vous plaisantez ? Vous ne croyez pas un mot de ce que vous racontez ? Parce que sinon… vous êtes encore plus dingue que je ne le pensais.

Lui. – Ouais, ouais, ouais, Florence a déjà tenté de me faire enfermer. Elle a même été jusqu'à sous-entendre que je pouvais commettre des attouchements sur mes enfants. Elle a tout essayé pour récupérer de l'argent et les droits d'exploitation de mes créations de chaussures.

ELLE. – Excusez-moi, mais vos histoires ne m'intéressent pas du tout.

LUI. – Vous êtes sûre ? Alors qu'est-ce que vous êtes venue foutre ici ? Qu'est-ce que vous êtes venue chercher ? De l'argent ?… J'ai bien envie de vous faire une proposition malhonnête. Je vais vous en donner, moi, de l'argent. Juste pour quelques heures de votre vie. Pour faire de vous ce que je veux, ce qui me passe par la tête… Ça vous tente ?

ELLE. – Tiens, tiens ! Je croyais que vous n'étiez pas client, que votre libido était au point mort que vous n'en aviez rien à faire de mon cul… et cætera.

LUI. – Qui parle de cul ? Je n'ai pas dit que j'allais vous sauter. Et puis au pire, j'ai le droit de changer d'avis… Allez, trente mille euros.

ELLE, *stupéfaite, marque un temps.* – Et vous croyez que pour trente mille euros, je suis prête à tout ?

LUI. – Ouais, je le crois. Sauf si vous pensez que je peux monter jusqu'à cinquante. O. K., alors disons cinquante mille. Personnellement, je n'ai pas besoin de tout cet argent. Je vis comme ça et je me sens bien. Vous appelez ça le Moyen Âge, moi j'appelle ça la liberté. J'apprivoise le présent. J'ai tout mon temps. Je n'ai pas besoin de tout ce qu'il me manque… Surtout pas d'argent. Alors cinquante mille euros ?

ELLE. – Vous êtes ignoble. Vous détestez la terre entière. Comment peut-on en arriver à haïr les femmes à ce point-là ?

Lui. – Alors ça, vous savez, c'est franchement pas compliqué. Ça se fait un peu tout seul, ça ne demande aucun effort particulier.

Elle. – Vous avez de sacrés problèmes, vous.

Lui. – Des problèmes ? Non ! J'en ai plus. J'en ai eu, mais j'en ai plus, à part vous.

Elle. – Permettez-moi d'en douter.

Lui. – Eh ben, doutez. Doutez, ma chère, ça ne peut vous faire que du bien. Bon, on fait quoi ? Je vais chercher l'argent ou on se dit au revoir tout de suite ?… Cinquante mille euros pour quelques heures, c'est assez malhonnête. Ça devrait vous plaire, non ? Vous hésitez ?

Elle. – Non, je n'hésite pas. Mais je ne crois pas que cet argent existe. Je crois que vous voulez m'humilier une fois de plus, vous amuser encore un peu avec moi, mais que vous n'en avez vraiment pas les moyens. C'est dommage, cinquante mille euros, ça aurait pu effectivement m'intéresser. Dans la vie, on est capable de faire pas mal de choses pour cinquante mille euros. Vous l'avez dit vous-même : je ne suis qu'une femme ordinaire. Alors, j'en ai fait des compromis avec le pouvoir masculin. J'en ai déjà subi des connards de votre espèce. Et la plupart du temps c'était pour pas grand-chose. Alors cinquante mille euros, faut voir. Montrez-le-moi cet argent, s'il existe.

Lui. – Pas bouger ! Je reviens !

Il sort en souriant. Elle réfléchit profondément. Une panique s'empare d'elle. Elle se concentre, lève les yeux au ciel, se mord les lèvres. Elle s'immobilise. Il réapparaît.
Il serre contre lui un grand sac en papier et s'arrête à côté de la table. Elle prend sa sacoche et s'apprête à sortir.

Lui. – Vous partez ? Au revoir !

*Elle reste de dos sur le pas de la porte. Il sourit aux anges.
Elle se retourne et s'avance lentement vers lui.*

Elle. – Qu'est-ce que je dois faire ?

Lui. – Déshabillez-vous ! J'ai tout mis dans le sac, un peu plus de cinquante mille euros. Vous voulez recompter ?… Non, ça ira ?… Alors passons aux choses sérieuses. Déshabillez-vous ! À poil, plus vite que ça ! *(Elle s'exécute. Elle retire sa veste et déboutonne son chemisier lentement.)* Allez, allez, on se dépêche ! On rigole plus, là. On arrête de jouer les madones. Oui ,c'est ça, commencez par le haut, j'adore ça… *(Elle s'approche de lui voluptueusement.)* Arrêtez ! Arrêtez ça tout de suite ! Je déconnais ! *(Il sort un papier du sac, le déplie et le lui tend.)* Si vous voulez cet argent, voilà ce que vous allez faire : vous allez lire ce qu'il y a d'écrit là-dessus lentement, et me laisser répondre à chaque trait rouge.

Elle. – Qu'est-ce que c'est ?

Lui. – Lisez !

Elle, *lit mal.* – « J'étais avec Béatrice toute l'après-midi… »

Lui. – Non, ben non, faites un effort, mettez-y un peu de cœur, un peu conviction. La comédie, ça vous connaît. Alors s'il vous plaît, un peu d'authenticité. La femme que vous incarnez, là, c'est une flamme, une étoile, c'est Vénus, pas un halogène.

Elle, *lit.* – « J'étais avec Béatrice toute l'après-midi… »

Lui. – C'est pas ça, la voix. La voix c'est pas ça du tout. Elle a une voix normale, beaucoup plus fine, plus suave… enfin… heu… féminine, quoi.

ELLE. – Ah ouais? *(Elle lit en exagérant dans les aigus.)* « Après la gym on a été… »

LUI. – On dirait une mouette, là. Normale, j'ai dit, pas hystérique. Ce jour-là elle était froide, terriblement distante, presque méprisante. Vous savez le faire, ça.

ELLE, *lit.* – « On a été boire un verre et puis on a fait du shopping. »

LUI. – Ben oui, mais je le sens plus là. Vous m'avez déconcentré. On recommence tout depuis le début.

ELLE, *lit.* – « J'étais avec Béatrice toute l'après-midi. Après la gym, on a été boire un verre et puis on a fait du shopping. »

LUI. – Ah oui? Qu'est-ce que tu as acheté?

ELLE, *lit.* – « Rien. On s'est amusées à essayer plein de trucs. »

LUI. – T'as acheté du parfum?

ELLE, *lit.* – « Non, pourquoi? »

LUI, *s'approche d'elle.* – Parce que tu as un nouveau parfum. Attends, laisse-moi deviner. C'est… C'est… Ah! j'connais, j'connais, me dis pas… C'est… « Je me suis envoyée en l'air! », c'est ça?… C'est enivrant, hein. Ça prend la tête. Ben oui, ça sens l'abandon, l'accident, quoi. Ça fait peur. Se sentir l'objet d'un vigoureux désir, c'est excitant. C'est imparable. Je pensais que tu reviendrais, que tes sentiments te ramèneraient vers moi. Que ton amour effacerait tout, tout ce que je croyais être un petit vertige passager.

ELLE. – Faut vraiment que je lise ça? Mais c'est quoi ce roman-photo, là? *(Il saisit le sac en papier et le brandit… Elle lit.)* « Si tu le crois, si tu l'as senti, très bien. Je n'ai plus la moindre intention de me justifier, de te convaincre de quoi que ce soit. Tu veux divorcer? Je suis d'accord. »

Lui. – Non !… Je ne veux pas divorcer !…

Elle, *sans lire*. – Ah ! vous vous appelez Julien ?

Lui, *agacé*. – Lisez ce qu'il y a d'écrit !!!

Elle, *lit*. – « Oui, ben c'est trop tard ! »

Lui. – « C'est trop tard » ! Y a marqué « c'est trop tard » ! Et pas « oui ben » ou « ouais bon ben ». Je vous défends de rajouter quoi que ce soit ! Et puis d'abord, je n'avais pas fini. Ce n'était pas à vous de parler. Suivez, faites un effort. Recommencez ici. Vous lisez ce qu'il y a d'écrit, un point c'est tout !

Elle. – Je l'ai déjà dit, ça.

Lui. – Je m'en fous, redites-le !

Elle, *lit*. – « Tu veux divorcer ? Je suis d'accord. »

Lui. – Non, non, non ! Je ne veux pas divorcer !… Je ne divorcerai jamais. C'est hors de question. Qu'est-ce que tu veux que je foute sans toi ? O. K., je ne suis qu'une espèce d'abruti qui travaille vingt-quatre heures sur vingt-quatre. Mais pour qui ? Pour quoi ? Pour sauver la boutique, maintenir les emplois coûte que coûte, produire, produire de moins en moins cher et de plus en plus vite ? Vendre, vendre à tout prix, négocier, développer des marchés avec des connards qui préfèrent acheter des chaussures de merdes à l'autre bout du monde ?

Elle, *lit*. – « Oui, c'est ça, parlons-en de tous ces connards chez qui tu m'as envoyée pour les convaincre de signer tes contrats. Je me suis même habillée comme tu le voulais et le boulot je l'ai fait. Qu'est ce que tu croyais ? Qu'ils signaient pour la souplesse des cuirs et le talent du créateur ou pour le cul de sa femme ? Jusqu'à ce que monsieur nous fasse sa psychose de cocu, qu'il culpabilise, qu'il devienne jaloux, paranoïaque et violent. »

Lui. – Pardon, pardon, pardon, pardon, pardon. Pardon pour tout, pardon pour cette gifle, toute cette violence. Pardon d'avoir été si con. J'ai disjoncté… J'ai disjoncté… Je sais pas ce qu'il s'est passé…

Elle, *lit*. – « T'as été trop loin. La route est coupée. On est arrivés. C'est trop tard, Julien. Tu vas devoir tout noter maintenant et te souvenir tout seul de tes rendez-vous. »

Lui. – Non, c'est pas trop tard. J'ai compris. J'ai changé. Je suis beaucoup plus calme. Je bois plus. Je prends plus rien. Je fume même plus. Il est jamais trop tard. On s'aime tous les deux. Tu te souviens comme on s'aime ? Moi, j'ai besoin de t'entendre respirer, t'écouter râler le matin quand tu te réveilles et qu'il fait pas beau. Je veux bien que tu me lises l'horoscope. Je veux que tu m'appelles encore pour ouvrir un pot de confiture, pour faire cuire les spaghettis. Je veux pouvoir te rassurer, te protéger les soirs d'orage. Tu comprends ? J'ai besoin de toi, je ne vaux rien sans toi. Si je ne peux plus aller vers toi… tu veux que j'aille où ? Tu sais combien je t'aime ?… À vol d'oiseau, y a pas d'oiseau qui vole aussi haut. *(Il se tait et semble totalement abattu.)*

Elle lit et s'agace.

Elle, *sans lire*. – Ah oui ! Mais non ! Là, ça suffit ! Puisqu'elle vous dit que c'est trop tard… Elle vous aime plus, elle vous aime plus. C'est comme ça, c'est comme ça ! Ça fait trois ans que vous êtes divorcés, vous pourriez peut-être passer à autre chose maintenant.

Lui. – Ce n'est pas écrit ! Ce que vous dites n'est pas écrit ! Je vous ai demandé de lire, pas d'improviser des conneries. Vous n'êtes pas au SMIC, pour cinquante mille euros vous pouvez quand même lire ce que je vous demande de lire. Ce n'est pas compliqué… Comment vous savez que ça fait trois ans que nous sommes divorcés ?

ELLE. – C'est vous qui l'avez dit.

LUI. – Non, ça je ne l'ai pas dit.

ELLE. – Ah si !

LUI. – Non.

ELLE. – Mais si !

LUI. – Non !

ELLE. – Si !

LUI. – Non.

ELLE. – Si j'vous l'dis !

LUI. – Non !

ELLE. – Si !

LUI, *hurle*. – Non, je l'ai pas dit !!!… Allez, soyez gentille maintenant, dégagez. Prenez l'argent et disparaissez. C'est bien ce que vous vouliez. Désolé, le reste est à la banque. Et chez le notaire y a une lettre pour les enfants.

ELLE. – Attendez, j'vais partir ! *(Elle sort de sa sacoche un papier sous enveloppe et le lui tend.)* Mais avant, vous ne pourriez pas me signer ce papier ? Ça m'arrangerait. Je crois que c'est la cession de vos droits d'exploitation sur JS Brenne, votre fameuse marque de chaussures.

> *Elle lui tend une enveloppe. Il la regarde en souriant, s'éloigne et s'installe à la table.*

LUI. – Allez, barrez-vous.

ELLE. – Non ! Attendez ! *(Elle brandit son téléphone.)* Regardez, elle a tout entendu depuis le début. Elle était à l'autre bout du fil.

(Elle raccroche et range son portable.) Moi, je suis juste venue ici pour vous tester. Avant de lancer une nouvelle procédure, Florence avait besoin d'informations. Elle voulait que je trouve des éléments contre vous et que je vous fasse signer ce papier. Si je n'y arrivais pas, j'avais comme consigne de vous compromettre par tous les moyens, en simulant une agression, enfin un truc dans ce goût-là. C'est dégueulasse ? Elle ne mérite certainement pas que vous vous mettiez dans un état pareil… Mais signez ces bon sang de papiers ! J'en ai vraiment besoin.

Lui. – Elle a tout entendu dans votre machin, là ?… Alors, dites-lui bien que… Dites-lui… Enfin, dites-le-lui.

Elle. – J'lui dirai. Je vous le promets… Mais le papier… Ça serait bien de me le signer ce papier. J'en ai besoin. Contrairement à vous, j'ai pas le choix. Vous n'avez pas besoin de tout ce qui vous manque, eh bien moi, il me manque tout ce dont j'ai besoin. Alors oui, je suis vénale, oui, je suis une hyène, une arnaqueuse arnaquée qui s'est fait jeter, larguer, délocaliser, et dormir dans sa voiture, même en attendant, c'est pas ce qu'il y a de mieux. Alors oui, j'ai peur du noir, des parkings sans éclairage, des toilettes de stations-service, des douches de routiers. J'en ai marre de me maquiller dans un rétroviseur, de repasser mes fringues sur la banquette arrière. Alors ma panoplie de femme fatale, c'est plutôt un gilet de sauvetage, si vous voyez ce que je veux dire. Je peux bien vous l'avouer maintenant : je ne suis pas venue ici pour rien. Florence m'a promis une belle commission pour votre signature en bas de ce papier. Alors signez-moi ce foutu papier ! Et comme ça, je pourrais peut-être récupérer ma fille.

Lui. – C'est « Les Misérables » ! Vous êtes vraiment Cosette ! Je peux avoir un autographe ?

Elle. – Espèce de crétin !… *(Elle s'approche du sac en papier et le prend. Elle sort lentement. Elle réapparaît avec des lettres sous enveloppes à la main, qu'elle jette les unes après les autres dans sa direction.)* C'est quoi ça, « Florence », « Florence, mon amour », « Florence », « Florence » ?

Lui. – C'est pour Florence.

Elle. – Faudra les envoyer un jour… Bon, j'vous les laisse. *(Elle pose le sac par terre.)* Y a pas marqué « La Poste » ! N'oubliez pas mon papier, je reviendrai… je reviendrai le chercher.

Lui. – Quand vous voulez. Vous connaissez le chemin, maintenant.

Il a un large sourire. Elle l'observe, incrédule, puis lui sourit.

Elle. – Delphine… Moi, c'est Delphine. *(Elle sort.)*

Il reste seul. Il va se rasseoir, il s'apprête à manger. À sa grande surprise, la radio diffuse à nouveau la chanson d'Alain Bashung (« Mes bras », album « Imprudence »). Il est ravi. Il monte le son de l'appareil, jette un regard autour de lui. Il sourit béatement et se remet à manger goulûment.

NOIR PROGRESSIF

FIN

Imprimé à la demande par Books On Demand GmbH, Bad Hersfeld, Allemagne

1re édition, dépôt légal : juin 2013
N° d'édition : 201315
ISBN : 978-2-84422-913-7